LES
Curiosités du Budget

Fantaisie Politico-Financière

PAR

A. HAGUET

Directeur - Fondateur de *l'Express-Finance*

Extraits du Journal *Express - Finance*
1897

AUX BUREAUX DU JOURNAL
30, rue Bergère, 30

—

PARIS

LES

Curiosités du Budget

Fantaisie Politico-Financière

PAR

A. HAGUET

Directeur-Fondateur de l'*Express-Finance*

Extraits du Journal *Express-Finance*
1897

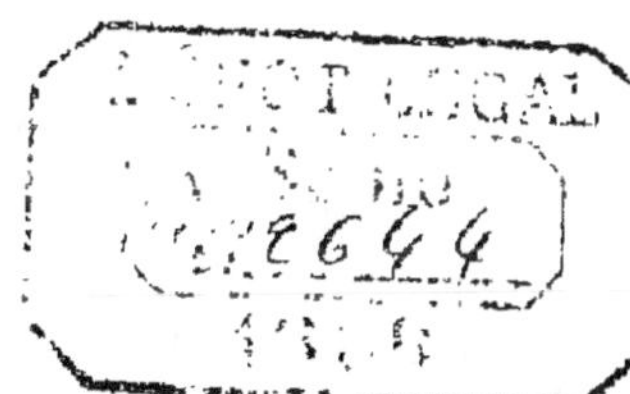

AUX BUREAUX DU JOURNAL
30, rue Bergère, 30

PARIS

A mes petits-enfants, qui en verront bien d'autres!

A. HAGUET.

Décembre 1897.

Les Curiosités du Budget

I

On se distrait comme on peut. Ma distraction favorite consiste à examiner de temps à autre la marée croissante de nos impôts et les lourdes additions que subit de ce fait le budget de la France. Je n'ai ni l'audace ni le loisir d'établir sur ce sujet une statistique qui viendrait s'ajouter à tant d'autres, mais je prends volontiers les chiffres de certains chapitres et je m'en amuse. Je philosophe sur les augmentations et je me demande à quoi elles servent, après avoir assisté successivement à la chute d'une royauté, d'un empire et aux convulsions parlementaires de deux républiques. Elles servent surtout à élever petit à petit l'État-tyran, un être anonyme, à la place d'un roi ou d'un empereur dont on peut toujours se défaire, ou dont un successeur habile peut effacer le mauvais souvenir. L'État-tyran, une fois implanté, est inébranlable et c'est surtout en République qu'il prend racine dans la souveraineté du peuple, souveraineté qui n'est qu'une ruse inventée par des ambitieux sans courage. Cette fois, je le crois, nous avons notre affaire, et nos budgets prouvent qu'il n'est pas besoin du socialisme et du collectivisme pour jouir de la tyrannie qui est le fond de ces théories-là, comme elle est le principe de tous les gouvernements possibles.

Mais si le pire des maux est la tyrannie gouvernementale, il convient de dire que, jusqu'ici, la République permet à tout citoyen de se plaindre de son mal et de critiquer, voire même d'invectiver, les charlatans qui en sont la cause. Cela ne guérit pas; mais cette liberté, sorte de soupape de sûreté contre les révolutions — périodiques au commencement du siècle — cette liberté nous a valu vingt-sept ans de calme à l'intérieur, calme qu'on ne trouve à l'actif d'aucun régime précédent. Et puis cette liberté, même braillarde si l'on veut, aura peut-être un jour pour effet d'enrayer la facilité avec laquelle nos législateurs nous soumettent au pressoir fiscal par des lois qui visent plus nos porte-monnaie qu'elles n'assurent notre bonheur. Nous sommes encore bien loin de cette aurore, peut-être parce que nous ne nous servons pas assez de la liberté qui nous permet de nous défendre.

Je confesse que je manque d'enthousiasme pour les grosses dépenses de notre budget : celles de la guerre et de la marine — cette dernière surtout. — Je suis aussi fier qu'un autre d'être Français, de regarder la colonne, de jouir, au dedans comme au dehors, de toute la sécurité que me donne mon titre de citoyen et de voir le drapeau français voltiger sur nos édifices publics. Mais, je l'avoue très sincèrement, ces deux budgets, surtout, m'écrasent comme contribuable et m'épouvantent comme homme de progrès. Penser que près d'un milliard de nos ressources est absorbé par ces deux crédits-là, c'est à faire réfléchir le plus obtus des Français sur les avantages de la reprise de l'Alsace-Lorraine.

Partout on prêche la paix et partout on arme; jamais le *si vis pacem* n'a eu tant de succès. On sent que les peuples sont pour la paix, mais que leurs chefs inclinent à la guerre. On voit le concert européen d'accord pour imposer la paix aux Turcs comme aux Grecs ; on ne voit aucune des nations concertantes régler entre elles des conditions de désarmement. Le concert européen règle les dettes de la Grèce battue — tu l'as voulu, pauvre Hellade ! — envers la Turquie triomphante, et pas un de ses hommes d'Etat n'a l'intelligente pensée, en voyant ce que coûte une bataille, de mettre à l'ordre du jour un règlement quelconque, un accord capable d'alléger tous les budgets européens des impôts improductifs comme ceux-là.

Ou il faut nier le progrès, ou bien il faut se laisser entraîner par lui vers la paix, dont la prospérité est la conséquence. Pendant que nos frontières vont être ouvertes aux nations pour les grandes assises de 1900, pourquoi le gouvernement de la République ne provoquerait-il pas un désarmement progressif européen ? Tous les peuples sont ruinés par les armements sans cesse renaissants. Ne serait-il pas temps de mettre un terme à cette sarabande de nos écus, tantôt pour un canon nouveau, tantôt pour un fusil perfectionné ou pour construire des monstres marins à engins terribles, qu'une fissure dans la chaudière condamne tout à coup à l'inaction ? En vérité, lorsqu'on voit ces anomalies, on est tenté de se demander si les revendications qui en sont la source équivalent à tant d'efforts imposés aux contribuables !

Ce que j'ai admiré dernièrement, parce qu'autrefois on aurait fait une émeute sur cette phrase, qui marque bien la tyrannie militaire dans tout son éclat, c'est M. le général Billot, ministre de la guerre. Il a demandé à la commission du budget de profiter du surcroît de natalité survenu en France après la guerre pour augmenter l'effectif de 12,500 hommes pendant quelques années ! Personne n'a relevé cette prétention — repoussée du reste par la commission — de faire incessamment et sans relâche de tous les petits Français de la pâture à fièvres dans des casernements malsains ou de la chair à canon sur des champs de bataille, que le progrès condamne et que les triplices, duplices ou simplistes réprouvent dans leurs discours.

— Vous vous préparez à publier votre Causerie, me dit un jour M. Rossard de Grossac, un familier de la rédaction, avec lequel je venais de faire une promenade instructive dans les plates-bandes du budget des dépenses. A l'affût de nouvelles financières qui puissent lui servir à spéculer avec avantage, il nous tire les vers du nez, comme il dit familièrement, sans jamais nous avoir offert le moindre foulard. Il est riche par héritage ; il gagne pas mal d'argent, d'abord parce qu'il en a et que, selon la règle, l'eau va toujours à la rivière. Il s'intitule plaisamment le gros contribuable de son endroit, que son grand-père, enrichi par les biens confisqués aux émigrés, a voulu constituer en baronnie avec un majorat. Aussi, l'intention étant réputée pour le fait, se fait-il appeler baron de Grossac — nom de son village — par tous ses vassaux, car il est gros propriétaire. Nous l'appelons, ici, le baron, tout court, titre ronflant, toujours en honneur dans une salle de rédaction financière, comme dans le monde qui fréquente chez nous, malgré les avatars de certains d'entre eux qui ont mal tourné. Mais : M. le baron, cela sonne si bien aux oreilles des abonnés! Et puis, on ne sait pas duquel il s'agit : il y a encore des barons bon teint.

Rossard de Grossac (baron de) — voir le *Tout-Paris* — à la suite de la lecture des articles sur les Curiosités du Budget que j'ai publiés dernièrement, est venu m'interroger sur certains points que je n'avais pu développer en aussi peu de lignes dont je dispose. Pour satisfaire sa curiosité sempiternelle, je pris les trois volumes du budget pour 1897, — 1898 étant sous presse au Palais-Bourbon. — A la vue de ces kilogrammes de documents financiers, Rossard se récria. Novice en l'art de lire le compte de profits et pertes de notre pays, il n'en subit pas moins le prurigo qui s'attaque à tout actionnaire, en face d'un bilan dont il ne comprend pas les balances. Comme je suis de bonne composition et que cette lecture probante de notre servitude est d'un grand charme pour moi, nous lûmes ensemble la récapitulation des dépenses par ministère, après avoir erré de droite et de gauche dans le dédale des chapitres et des spécialités.

Que ceux qui ignorent toutes les suggestions ironiques produites par cette lecture me jettent la première pierre, — je suis sûr d'être lapidé — mais je n'ai pu résister au désir d'en donner une idée aux lecteurs assidus de l'*Express-Finance*. Je leur conserve la saveur de l'entretien que j'ai eu à ce sujet avec mon baron, qui n'a pas épargné, on le verra, ses exclamations non plus.

Tout d'abord, je lui posai cette question :

— Combien payez-vous d'impôt entre les mains du percepteur?

— Exactement 999 fr. 35... et je me suis toujours demandé pourquoi ces 35 centimes.

— Ne les retranchez pas de votre cote, malheureux. Ces 35 centimes représentent exactement ce que vous coûte la présidence de la République.

— Oh! je ne réplique pas, c'est même bien peu...

— Nous allons en voir bien d'autres.

II

— Puisque, en chiffres ronds, vous payez 1,000 fr. d'impôt, il m'est assez facile de vous donner un aperçu de votre quote-part aux dépenses publiques. Exemple : La Chambre des députés vous coûte, cher baron, 2 fr. 22 o/oo et le Sénat, qui lui est bien supérieur, politiquement parlant et jusqu'à ce jour, ne coûte que 1.40.

— C'est pour rien, tout cela, et j'aimerais à payer plus cher pour être moins tyrannisé. Mais où passe donc le reste de mon argent?

— A payer d'abord les dettes de la France.

— Hélas oui, elles sont colossales !

— Dame ! on n'amortit jamais et l'on crée tous les jours de nouvelles dépenses.

— C'est ce que reproche si bien Waldeck-Rousseau à notre Parlement.

— Il pourrait ajouter nos ministres à sa nomenclature.

— Ça le gênerait pour le moment. Et combien est-ce que je paie pour la dette publique ?

— Pour la dette consolidée (rentes 3 1/2 et 3 o/o), vous payez 209 fr. 30 o/oo ! Pour la dette remboursable, bons du Trésor, l'Amortissable, dette flottante, enfin 21 articles différents portés au budget, cela vous coûte 98 fr. 35.

— Dites donc, c'est un chiffre, ça. En tout, la dette me coûte donc 307 fr. 65. C'est presque le tiers de mes impôts. Vous disiez qu'il y a 21 articles pour mes 98 fr. 35. Citez-en quelques-uns, je vous prie.

— Autant vaudrait les citer tous ; mais, puisque vous y tenez... et que nous sommes chauves tous les deux : le remboursement pour les avances en vue du reboisement des montagnes vous coûte o fr. 15 par an.

— Et les montagnes restent chauves.

— Nous aussi ! Tenez, vous avez tressailli, ô patriote, lorsque nos troupes ont pris Madagascar. Sachez ce que vous coûte — momentanément — le même remboursement pour cette conquête : 1.50 0/00 et par an.

— J'aimerais mieux payer cent fois plus et avoir vu mourir moins de Français pour cela ; j'ajouterai, foi de Rossard ! que je ne comprends pas les colonies conquises par petits paquets. Au moins, avec les gros bataillons, on y arrive plus vite et au bout d'un an le deuil est fini. Mais passons et dites-moi s'il est vrai qu'il y a dans notre Trésor un gros trou appelé dette flottante ?

— Il y a toujours une dette flottante, et vous payez, en 1897, 19,198,560 francs d'intérêt pour l'entretenir, ce qui pour votre quote-part donne 5 fr. 75.

— J'aimerais mieux ici, comme pour les conquêtes coloniales, les gros paquets. Pourquoi ne pas faire un emprunt ?

— Allez demander cela au ministre et à la commission du budget : vous verrez l'accueil.

III

— Ah !... Continuons les finances, voulez-vous ? A combien estimez-vous ce que je paie pour les pensions de tous ces braves militaires, lorsque Mars et Vénus, la dernière surtout, les rendent à leurs foyers ? Hein, voilà du langage imagé, n'est-ce pas ?

— Les militaires qui ne sont plus en activité — oreilles fendues, comme on dit — vous coûtent 28 fr. 20 0/00. Mais l'armée active, celle qui doit nous défendre et au besoin nous opprimer, vous coûte, tous les services compris, 187 fr. 77.

— Mais alors, additionnez l'active et les invalides... voyons : ça fait 215 fr. 97 0/00, un peu plus de la somme annuelle que je paie pour la dette consolidée. C'est trop bleu, ça !

— Hélas ! toutes ces sommes-là, c'est le résultat de l'esprit cocardier et batailleur de nos masses tapageuses, encouragé par nos affamés de galons. Espérons que nos petits-fils seront plus clairvoyants que nous et qu'ils pourront enfin pensionner plus de travailleurs fourbus et moins de soldats inactifs.

— Vous êtes gai, vous, me dit le baron, mais continuons nos investigations. Vous criez souvent, et je vous approuve, contre le grand nombre des employés de l'État. Je suis de votre avis lorsque vous dites que l'encombrement provient surtout de l'obligation dans laquelle s'est mis le gouvernement de leur servir une pension de retraite; cela leur constitue ce qu'ils appellent des droits acquis, sorte d'inamovibilité. C'est entendu, c'est là un grand tort...

— Dites la ruine du Trésor dans quelques années et l'anarchie dans l'État, par les superpositions d'employés qui se déchirent entre eux au lieu de le bien servir...

— Bien, bravo! c'est cela. Mais ces pensions civiles qui vont chaque année en augmentant, combien coûtent-elles pour 1897 ?

— En bloc 70,325,600 francs et pour vous 21 fr. 20 0/00. Il est vrai que les pensions à titre de récompense nationale n'atteignent que 73,700 fr., ce qui vous grève de 0 fr. 02 !

— Triste, ça, mon cher; la France est donc bien avare ?

— Ou les Français peu dignes de récompenses nationales ? Mais soyez juste : il y a la Légion d'honneur.

— Parbleu, ça ne rapporte qu'un ruban.

— N'allez pas si vite : les traitements viagers des membres de l'ordre et des médailles militaires coûtent 10 millions passés. Vous acquittez 3.03 0/00 de cette dépense...

— Qui constitue une inégalité ; car pourquoi les militaires et pas les civils, alors ? Celui qui conquiert un débouché nouveau au commerce français n'est il pas aussi méritant que celui qui conquiert un territoire en tuant les habitants ?...

— Halte-là ! baron, vous êtes loin du budget et vous allez nous attirer des désagréments avec le lecteur. Nous n'en sommes pas encore arrivés en France à ne considérer l'armée que comme un outil national, à l'égal des Anglais, par exemple. Chez nous, c'est encore une institution et peu démocratique encore ! Attendons, ou sinon, tout baron que vous êtes, on vous traitera de chevalier de la demi-aune, si vous faites ainsi le Don Quichotte.

IV

— C'est bon, c'est bon. Et la marine, que me coûtent ses pensions ?

— Les pensions militaires de la marine vous reviennent à 10.80.

— Je ne vois pas pourquoi Lockroy s'emporte tant contre la marine ?

— Patience, nous verrons cela au budget spécial. Mais finissons ce chapitre des dettes viagères. Je parie que vous allez rire en apprenant que les indemnités aux blessés de Février 1848 vous coûtent encore 0.04 en 1897 !

— Ils étaient bien peu nombreux, ces blessés, alors !

— En revanche, vous faites une rente de 1.45 0/00 aux victimes du coup d'État de 1851.

— Les blessures d'amour-propre coûtent toujours cher. C'est la revanche des Jacobins contre le milliard des émigrés. C'est ridicule.

— Il faut toujours payer. Nous avons fini les dépenses générales. Passons aux budgets spéciaux de chaque ministère, voulez-vous ?

— Allons-y.

— Prenons alors le budget des affaires étrangères. Il est court, léger et mythologique. C'est l'Œil-de-Bœuf de l'ancien régime. Il ne prête pas à grande critique, sauf en ce qui concerne le maigre traitement et l'essaimement de nos consuls. Son total, y compris 60,000 francs d'allocation à la famille d'Abd-el-Kader, monte à 15 millions par an et vous coûte 4.54 0/00.

— Je paierais volontiers davantage pour être représenté à l'étranger avec plus de panache, savez-vous ?

— Chut ! baron, chut ! si l'archange Gabriel vous entendait !

— Quel archange ?

— M. Gabriel Hanotaux, qui défend l'entrée de la Carrière avec l'épée flamboyante que lui ont offerte ses copains du lycée de Saint-Quentin. L'archange Gabriel compose des cantiques pour le concert européen et veille jalousement sur l'alliance franco-russe qui ne rapporte jusqu'ici que des emprunts et non des recettes. C'est lui qui a monté l'apothéose du président Félix Faure — un panachard, celui-là — à Pétersbourg. Silence, baron, découvrez-vous, car les affaires étrangères, c'est le conservatoire des fils à papa ; ne touchons pas au paradis des sinécures, du protocole et des soif d'égards !

— Eh bien ! passons à un autre exercice.

V

— Nous allons parcourir maintenant le grand pressoir financier du pays, pressoir sous lequel on maintient la masse contribuable au-dessus d'un tonneau sans fond, comme celui des Danaïdes. Tel est le budget. Lorsqu'un député, quelquefois un sénateur, rarement un ministre, a inventé un procédé qui doit faire « le bonheur du peuple », immédiatement on donne un tour de vis au pressoir. C'est ce qu'on appelle faire fonctionner l'impôt ou tout autre droit ; en tout cas, c'est le pur jus du travail national qui coule, et trop souvent, pour des originalités sans valeur nées du délirium électoral. C'est le ministère des finances qui perçoit. Saluez encore, baron !

— La carte à payer doit être fameuse ?

— Pas autant qu'on croit. Pour faire mouvoir un budget de 3 1/2 milliards en recettes et autant en dépenses, c'est-à-dire 7 milliards par années, ce ministère — pieuvre colossale qui étend ses tentacules jusqu'au fond des porte-monnaie les plus récalcitrants — est constitué en grandes régies financières. Aussi est-ce le seul qui possède encore des directeurs-généraux, malgré la convoitise de certains députés qui voudraient bien ériger ces régies en sous-secrétariats d'Etat, alléchés par les 25,000 francs de traitement y attachés. Mais il faut être spécialiste, et ils ne sont que députés. Ces directeurs donc sont tous des spécialistes émérites en l'art d'extraire les écus de la moindre action de la vie humaine. Vous naissez : un acte timbré ! Vous buvez : un impôt des boissons ! Vous mangez : douanes du bétail ! Vous vivez : mille tracasseries coûteuses dont ils vous accablent ! Enfin vous mourez : acte mortuaire timbré, droits de succession, etc.! Ils n'ont jamais fini de vous tirer vos sous, avec probité, il faut le dire, mais sans interruption, il faut le regretter. C'est la loi de finances qui les arme de cette terrible façon : *dura lex...*

— Eh bien, voyons à combien nous revient cette foule de lansquenets de l'impôt ?

— Nous avons d'abord le personnel du ministère et celui des administrations financières 1.80 o/oo. Le traitement des trésoriers-payeurs généraux avec l'abonnement de leurs frais de personnel monte à 1.65.

— A trois sous près, c'est aussi cher que le ministère ; passons.

— Pour les receveurs particuliers, vous payez
o fr. 95.

— Mais on avait parlé de supprimer tous ces
rouages coûteux... Un ministre des finances, qui
sait son métier, peut faire en six mois plus d'éco-
nomies que tous les financiers du monde.

— Mon cher, on ne touche pas à une administration aussi compliquée : cela décollerait tout. Pensez
que l'administration de nos finances est la plus
lente à payer, non seulement pour masquer sa gêne,
mais aussi à cause de sa minutie. Elle est la plus
irréprochable, par sa probité, de toute l'Europe !
Impossible qu'un centime soit détourné.

— Il ne manquerait plus que ça !

— La Cour des comptes est là pour redres-
ser, au bout de quelques années, la plus légère
erreur...

— Ah oui ! parlons-en. En voilà une Cour qui
détient le record de la lenteur et qui n'a pourtant
que des additions à faire.

— Mon cher baron, elle vous coûte o.47 o/oo :
ne soyez pas si difficile et lisez les réclames qu'elle
se paie tous les ans.

— Oubliez-vous le palais qu'on lui prépare ?

— Mauvais contribuable ! Les frais de régies, de
perceptions, etc., s'élèvent à 58.20 o/oo de vos
impôts. Ce chiffre comprend 6.88 pour les contributions directes ; 5.60 pour l'enregistrement ;
35.91 aux contributions indirectes et 9.79 pour la
douane, cette déesse protectionniste...

— Braves douaniers ! Les rayons X sont-ils compris au total ?

— Plaisantin !

— Et les conservateurs des hypothèques, cela coûte-t-il cher ?

— Le budget n'en parle pas et nous ne pouvons pas entrer dans de pareils détails : au surplus, voyez les domaines. Nous en avons fini avec les finances ; que désirez-vous connaître maintenant ?

— Si c'est possible, le budget de la guerre et celui de la marine. Mais surtout ne soyez pas nerveux, n'est-ce pas ?

— Que voulez-vous, c'est plus fort que moi, lorsque je vois, que je sens que ces deux dépenses formidables paralysent tout ce que la France pourrait accomplir dans toutes les branches de l'activité humaine.

— Mais vous n'avez donc jamais admiré la colonne ?

— Si, tous les vendredis, même !

— Alors vous devriez vouloir que la France fût la reine du monde !

— C'est trop cher, ce trône-là. J'aimerais mieux voir le monde entier marcher derrière la France, qui a ouvert en 89 le chemin du progrès et de la liberté. Si le monde nous suivait dans cette voie, ce serait la paix générale, et tous les efforts coûteux faits partout pour la guerre viendraient en aide au progrès et au travail.

— Bien pensé, cher ami...

— Réfléchissez donc que, depuis Napoléon jusqu'à nos jours, nous avons dépensé plus de trente milliards, arraché au travail de l'industrie et de l'agriculture ou voué à la mort plus de dix millions de jeunes hommes. Si cela peut être une consolation pour vous, j'ajouterai que les autres nations d'Europe ont été aussi sottes que nous ; mais est-ce une excuse ?

— Non, mais la gloire...

— La gloire n'a qu'un temps, les plus glorieux s'en lassent : on finit par touver plus fort que soi. La gloire de Napoléon — le dieu moderne des batailles — a sombré à Waterloo. En 1815, on nous a repris nos conquêtes. Qu'avons-nous gagné depuis ?

— L'Algérie, la Cochinchine, le Soudan, Madagascar.

— Faites le bilan de ce que nous coûtent ces conquêtes...

— Oui, mais notre drapeau a flotté aussi en Crimée...

— L'alliance franco-russe a effacé ce souvenir.

— En Syrie...

— L'abandon de l'Égypte aux Anglais paie les frais de ce voyage.

— Et la Chine ?

— Notre victoire du Palais-d'Été a encouragé l'ardeur belliqueuse des Japonais. Et puis nos soldats, nos marins, qui en sont revenus clairsemés, en ont-ils rapporté grand'chose ? Je ne veux raviver aucun souvenir, mais je ne puis oublier Magenta, ni Solférino, où notre gloire a servi à faire une nation dédaigneuse aujourd'hui du coup d'épaule que nous lui avons donné et qui nous reproche, prête à les revendiquer, trois petits départementaux pauvres qui, de leur plein gré, se sont prononcés pour l'annexion à la France.

— Ça, c'est bien mal !

— Quant à 1870-71, mon cher baron, vous connaissez la carte à payer ? Depuis ce temps on perfectionne à qui mieux mieux, en Europe, l'armement auquel tout homme est attaché comme autrefois nos aïeux à la glèbe. Où s'arrêtera-t-on ? Et tout cela en pleine paix européenne, paix invoquée dans tous les toasts des souverains les plus formidablement armés pour la guerre ; paix qui, de jour en jour, devient une menaçante et ruineuse tranquillité...

— Avez-vous fini ? Savez-vous la conclusion de votre long discours ? Vous voulez que toutes ces dépenses servent une bonne fois et qu'on n'en parle plus. Ce qui vous chagrine, c'est le budget pour la guerre sans la guerre...

— Certainement, voilà la vérité.

— Eh bien, qu'en adviendrait-il ? Vous savez que pour se battre il faut être deux et qu'on ne connaît jamais le vainqueur à l'avance. On ne donne pas de tuyaux là comme aux courses : il faudrait donc subir encore le hasard des batailles ?

— Vous avez raison, et pour en finir avec ce

cauchemar je résume ma façon de penser qu'un poète a mise en quatrain :

Oh ! sans doute il est beau de servir la Patrie
Sur le champ de bataille et mourir en héros !
Mais combien il vaut mieux, ô ma France chérie,
Vivre pour toi cent ans et mourir en repos !

VI

— Et maintenant prenons d'abord le budget de la guerre.

— C'est ça, au moins, quand j'admirerai le régiment qui passe, je jugerai mieux si l'on m'en donne pour mon argent.

— Baron, vous êtes chauvin, mais frondeur. Voyons ce que coûte l'administration centrale ? Le ministre et le personnel de la rue Saint-Dominique vous coûtent 0.74 0/00.

— Si peu, pour tant d'épaulettes ?

— Attendez ; nous avons la solde des officiers détachés : 1,179,000 francs ou 0 fr. 35.

— Ah ! ah ! les gaillards, voilà un état-major au moins.

— Ne confondons pas : il y a l'état-major général et le service d'état-major qui sont portés au budget pour 11,703,717 francs et par conséquent donnent 3 fr. 53.

— Baste ! il n'y a pas trop à redire si cette grande conception donne en temps utile de bons résultats.

— Il faut toujours le croire : cela ne vous coûtera pas un sou de plus. Maintenant comme gros chiffres, nous avons la rubrique : Contrôle — Intendance — États-majors particuliers — Total 4.25 o/oo; en chiffres ronds 14 millions passés.

— Vous devez vous tromper ? Vous comptez encore des états-majors.

— Vous oubliez donc le bon Lafontaine, baron ?

Tout petit prince a des ambassadeurs :

Il faut bien des états-majors aux graines d'épinards.

— Et l'intendance ? hein, l'intendance ! Est-elle à la hauteur, au moins ?

— Indiscret ! Sachez que les troupes d'administration placées sous ses ordres figurent pour 1.17 o/oo au budget, la solde seulement.

— Y compris les fabricants de boules de son ?

— Oui. Et, chose curieuse, tous les frais de la garde républicaine coûtent à peu près le même prix, pour elle seule, soit 1.41 o/oo ! Maintenant viennent les grosses dépenses de solde des troupes : celle de l'infanterie...

— La reine des batailles ?

— On verra. L'infanterie absorbe 32 fr. 37 o/oo de votre quote-part. La cavalerie coûte 8.81.

— Avec les bicyclettes ?

— Il n'y a pas encore de chapitre au budget pour elles, mais cela viendra.

— Et l'artillerie ? Voyons l'artillerie, qu'on peut baptiser l'impératrice des batailles.

— La solde de l'artillerie ? 8 fr. 64.

— Ça n'est pas cher, par comparaison.

— La solde du génie 1.25 o/oo et celle du train des équipages 1.11 o/oo, donnent des prix à peu près semblables.

— Et les canons, combien ? Les munitions, les forts, la défense des frontières, les petites et grandes manœuvres, etc. ?

— Toutes ces dépenses sont contenues dans un budget spécial dit Dépenses extraordinaires. Il s'élève à 24,297,500 francs. Tout figure là à son rang, depuis les dépenses des champs de manœuvre, des stands de tir, etc., jusqu'à la télégraphie et l'aérostation : rien n'est oublié, baron, dormez tranquille et payez.

— Je suis bien tranquille et je ne demande qu'une chose : qu'on ne me réveille pas au bruit du canon, surtout.

— Vous avez raison, mais nous n'y pouvons rien. Votre sommeil de bourgeois, l'autre, le bon sommeil est assuré par une troupe d'élite : la gendarmerie...

— Allons donc, les facteurs militaires n'ont plus le temps de veiller à la sécurité des *foilliers,* comme disait Pandore. Je le regrette amèrement pour notre sécurité d'abord et pour cette belle et bonne troupe, dont l'abrutissant service du recrutement et des appels a fait de véritables piétons de la poste. Les voleurs et les assassins ont beau jeu avec ce procédé...

— Ils savent que quand les chats n'y sont pas les souris grignottent à l'aise ; on devrait leur apprendre qu'il y a des professions moins périlleuses et plus lucratives que le vol. Eh bien ! notre beau corps de police rurale absorbé par le service militaire ne coûte pas plus de 10.63 0/00, encore les dépenses d'Algérie sont-elles comprises dans ce pourcentage.

— Pourquoi laisser la gendarmerie au ministère de la guerre ? Ne serait-elle pas mieux à l'intérieur ou à la justice ?

— La maréchaussée d'autrefois, alors ?

— On ne peut pourtant pas faire un ministère spécial de la gendarmerie ?

— Qui sait ? Lorsque nous aurons un gouvernement qui méritera ce nom, il constituera un ministère de la police générale de la République à la place de toutes les polices éparpillées en France qui se gênent, se taquinent et se jalousent.

— Fouché, va !

— Hé, hé, peut-être ? Alors la gendarmerie prendra sa vraie place et la sécurité y gagnera.

VII

— De la police générale à la justice, il n'y a qu'un pas. Voulez-vous nous promener sous ses ombrages ?

— Volontiers : entrons alors dans cette dernière

Bastille de la liberté individuelle, ce dernier Châtelet ! Nous voyons d'abord que les rouages administratifs sont à bon marché au sommet, c'est-à-dire au ministère. Ministre, fonctionnaires et personnel ne vous prennent que 0.15 o/oo. C'est bien peu. Aussi en avez-vous pour votre argent, de la justice.

Le conseil d'État, cette grande institution faite pour juger les abus, qui s'est appelé conseil du roi et a fait souvent trembler les plus magnifiques, fut réorganisé par la Constitution de l'an VIII : Napoléon en accrut l'importance. C'est ainsi qu'il traversa nos changements politiques, plia sous le coup de nos malheurs, pour renaître avec l'Assemblée nationale. Ce grand ressort administratif, tribunal suprême qui est appelé à juger des abus de pouvoir, vous coûte...

— Assez cher, j'espère, pour assurer l'indépendance des juges ?

— Ah, ouiche ? il revient à 0.33 o/oo de vos impôts. Et la Cour de cassation ? Cette belle institution fondée après 89, conséquence et garantie de l'unité de notre législation, ne coûte que 0.02 de plus : o fr. 35.

— J'aimerais mieux 2 ou 3 francs et être fixé sur la valeur des lois. Il n'y a que trop de jurisprudence, chez nous.

— Et de bien légers législateurs dont l'incontinence est fatale. Nos cours d'appel donnent un quotient de 1.85 o/oo et les tribunaux de première instance 3 fr. 46.

— N'y aurait-il pas moyen d'augmenter les émoluments des juges en diminuant leur nombre ? L'exemple de l'Angleterre est fait pour séduire : le juge unique, indépendant par son traitement comme par son inamovibilité, me plairait assez.

— Que feriez-vous des attachés du parquet et des suppléants qui pullulent, fils à papa, non-valeurs du quartier latin, petits hobereaux ou gros bourgeois, auxquels le travail répugne, mais à qui l'oisive occupation des audiences tend les bras ?

— Vous allez mettre la magistrature à vos trousses.

— Je n'ai aucun procès. En outre, aucun encombreur de prétoire ne se reconnaîtra dans ce tableau. Et puis, il y a une foule de juges, de la bonne souche, ceux-là, qui pensent comme moi, sans pouvoir le dire. Tenez, je préfère à tout cela le juge de paix, le bon juge de paix, lorsqu'il ne sort pas de son rôle pour flirter dans les coulisses de la politique.

— Oui, c'est la justice du cadi, moins les coups de matraque. Ça va plus vite et c'est moins coûteux pour le budget, sans doute ?

— Ils coûtent 8,413,000 francs, soit 3.53 o/oo.

— C'est pour rien, comparé à leur rôle conciliant.

— Les tribunaux de commerce sont bien plus pour rien, ceux-là ; ils rendent d'incommensurables services. Ils sont portés en bloc au budget pour 184,000 francs. On peut hardiment affirmer que cette justice consulaire n'est coûteuse que pour nos braves consuls.

— Vous avez raison, on ne saurait leur témoigner trop de déférence...

— La basoche voudrait au contraire les dévorer : question de garde-manger, cela.

— Dites-moi combien coûte un criminel selon vos chiffres ?

— Je n'ai pas le détail statistique sous les yeux, mais tenez pour certain qu'un criminel coûte beaucoup plus à entretenir qu'un honnête homme à secourir dans la misère. Toutefois, en gros, le prix des frais de la justice criminelle s'élève à plus de 5 millions ou 1.55 o/oo.

— Les frais de guillotine compris ?

— Oui. Mais on s'en sert si peu ! Il n'y a qu'un fonctionnaire et deux aides pour elle ; tandis qu'une prison, une relégation, cela fait vivre tant de monde...

— Le criminel d'abord... Et puis cela procure des grades, des emplois, dont tout Français est friand... sans compter la retraite.

— Mon cher, en Tunisie, nous avons la charge de la justice criminelle : elle ne coûte que 48,000 francs au protectorat. C'est simple, bon marché et expéditif, car on pend avec facilité les criminels au lieu de les entretenir, comme ici, dans des conservatoires de récidive. Chez nous, aussitôt sortis, car même les condamnés à perpétuité sortent souvent libérés, il n'est pas douteux qu'ils recommencent. Alors, à quoi sert tant d'argent dépensé ?

— Vous êtes partisan de la peine de mort ?

— Oui, jusqu'à ce que les assassins y renoncent.

— Dites donc : il n'y a rien pour les officiers ministériels dans votre budget de la justice ?

— Mais non. Ils se font la part eux-mêmes sur le dos des clients. Il ne manquerait plus que le budget y pourvût !

— Dame ! nous imitons tellement les Allemands qu'on aurait pu faire ici comme en Alsace : avoir des tabellions d'État, des huissiers d'État, des avoués d'État, etc. On a bien un bon procureur de la République pour 6 à 8,000 francs ; on pourrait avoir des officiers ministériels dans les mêmes conditions...

— Baron, les Italiens aussi ont suivi cette voie, supprimant les charges ; mais, chez nous, c'est impossible. Pensez donc que tous les robins s'insurgeraient si l'on touchait à leurs prébendes. Et quand les robins s'insurgent, c'est fini de rire, adieu tout gouvernement qui n'est pas eux. Relisez plutôt la philosophie de notre histoire politique : vous verrez que les robins ont fait 89 et tant d'autres révolutions, non pour le bonheur du peuple, mais pour prendre les premières places dans l'État. Ne touchez pas à la robe...

VIII

— Si nous ne touchons pas à la robe, nous ne pourrons pas passer en revue le budget des cultes, alors ?

— Si, cher baron, mais avec légèreté. Sur ce point, peu de Français sont d'accord, les uns regardent ce budget comme une atteinte à la liberté de conscience ; les autres comme une restitution de la confiscation des biens du clergé ; les plus nombreux avec une indifférence qui n'a d'égale que la même indifférence qu'ils professent pour le budget des beaux-arts. Là où personne n'est d'accord, il nous sera difficile à tous les deux de faire prévaloir une opinion...

— Les chiffres en auront pour nous, alors.

— C'est cela. Le service des cultes forme une administration spéciale qui vagabonde de temps à autre entre le ministère de la justice et celui de l'instruction publique. Son personnel bureaucratique vous coûte en tout 0.06. Le traitement de NN. SS. les archevêques et les évêques est de 0.27 0/00 ; les émoluments des curés, vicaires généraux et desservants de paroisse sont de 11.05 0/00 ; le culte catholique, y compris les pensions, secours, édifices diocésains et divers travaux, est inscrit au budget pour 41,236,923 francs. Il y a en France plus de 30 millions de catholiques.

— Et les cultes protestants ?

— Leur personnel, indemnités et séminaires coûtent officiellement environ 1 1/2 million. Mais, ici, les fidèles eux-mêmes sont plus libéraux, quoique moins nombreux, pour l'administration de leur culte.

— Et maintenant, oserai-je, — pardonnez-moi, M. Drumont ? — vous demander le prix du budget, — pourvu que M. de Rochefort ne m'entende pas ! — du budget israélite ?

— Ne vous gênez donc pas, baron : il y a de braves gens partout et dans tous les cultes. Et puis nous n'allons pas chercher querelle aux quatre-vingt mille israélites qui ont choisi la France comme patrie. La dépense de leurs synagogues ne coûte au contribuable que la somme dérisoire d'un sou pour 1,000 francs d'impôts !

— C'est peu, en effet, comparativement aux injures qu'on leur adresse et au bruit qu'on fait autour d'eux.

— Êtes-vous sûr que si l'on n'en faisait pas, ils ne seraient pas les premiers à en faire ?

— ... (Ici mon baron bredouille un peu et je n'ai pas entendu sa réponse.)

— N'insistons pas et jetons un coup d'œil sur les dépenses du ministère de l'intérieur. Le traitement du ministre et du personnel de l'administration centrale coûte 0.43 o/oo, et celui des fonctionnaires administratifs, préfets et sous-préfets, conseillers, etc., 1 fr. 51.

— Pourquoi n'a-t-on pas supprimé les sous-préfets contre lesquels on était si bien parti en guerre ? C'eût été une grande économie.

— Oh ! combien peu ! On leur aurait donné un autre nom, mais on les aurait conservés. C'est une pépinière à fonctionnaires, voyez-vous, et si l'on fait des coupes sombres en forêt, on ménage toujours les rejetons : c'est dans l'ordre de la nature comme dans l'ordre administratif. Puis, ce n'est pas tout: il y a un chapitre pour les frais de personnel et matériel des préfectures et sous-préfectures — les fonds d'abonnement. — Il s'élève à 6 1/2 millions, soit pour vous 1 fr. 88.

— Qu'est-ce que veut dire ce chapitre : frais des élections sénatoriales?

— C'est au plus juste prix ce que coûte la réunion des électeurs du second degré : o fr. 26.

— Je désirerais bien payer le décuple pour que tous les législateurs soient élus de la même façon.

— Vous n'envoyez pas dire au suffrage universel l'aversion que vous avez pour lui, au moins. Maintenant vous avez entendu souvent des critiques contre le *Journal Officiel?*

— Mais, assez souvent. J'ai ouï dire qu'il y avait là une forte bande noire organisée. Sous prétexte d'association ouvrière, les uns touchaient le magot et les autres des salaires dérisoires...

— On a fait des réformes. Aujourd'hui l'*Officiel,* c'est-à-dire frais de personnel, dépenses variables et matériel, vous coûte o fr. 30.

— Pourquoi ne pas appeler la concurrence?

— La raison d'État! Raison qui fait payer au budget général les dépenses de la police municipale de la Ville de Paris, ainsi que ses commissaires de police. Il y en a pour 13,850,000 francs comme subvention, ou 4 fr. 45 pour vous.

— Ce qui n'empêche « l'armée du crime », comme disent les moralistes, de tenir le haut du pavé! Mais j'aperçois dans un petit coin un article Fête Nationale du 14 juillet : 130,000 francs. Que diable peut-on faire avec cela ?

— De la fumée... un feu d'artifice à Paris.

— Et la province ?

— Les municipalités sont là.

— Je vois là une série de subventions à des institutions de bienfaisance, d'assistance, d'hospitalisation, etc. La colonne est longue, hérissée de chiffres, tout cela doit coûter bien cher.

— Environ 12 millions pour la charité officielle de ce seul ministère. Il faut voir les autres : c'est navrant. On proclame la fraternité et c'est le budget qu'on charge de faire la charité...

— Dites-donc, critique influent, pourquoi ne pas rétablir la loterie pour subvenir largement à toutes ces institutions? On a bien organisé le pari mutuel : allons jusqu'au bout.

— Allons-y. Mais où est le bout ?

— La loterie, le jeu surveillé, patenté! Cinquante à soixante millions de rapport annuel. Combien peu d'obligations de toute sorte auraient trouvé de souscripteurs si elles n'avaient pas donné des chances de tirage ?

— Encore la raison d'État : lui seul a le droit de défendre le bas de laine des *économistes* français, afin de pouvoir le tondre à l'occasion. Ne donnons pas aux épargneurs des tentations de dissipation.

— Cela engendrerait les vols et les abus de confiance, c’est vrai, mais êtes vous sûr qu’il y en aurait davantage ?

— Je l’ignore ; mais je sais que les frais des administrations pénitentiaires sont déjà fort coûteux. Ils se chiffrent par 5.14 o/oo d’impôts sur le seul ministère de l’intérieur, soit près de 16 1/2 millions, alors que celui de la charité officielle ne dépasse pas 12 millions : vous venez de le voir.

— Mais avec les revenus de la loterie nationale et du jeu patenté, on comblerait certainement ces deux dépenses à la fois.

— Allez dire cela aux puritains du Parlement et vous verrez comment on vous recevra.

— Leur mauvais accueil ne prouverait pas que ma proposition fût déraisonnable.

IX

— Je voudrais bien parler de l’instruction publique, cette grande machine gouvernementale sur laquelle Jules Ferry et d’autres patriotes fondaient tant d’espérances. Vous y êtes ?

— Parfaitement : les dépenses de l’instruction publique sont portées au budget pour un total de 198 millions et demi, soit pour votre part 59.83.

Tel est le prix de l'instruction morale de votre pays ; est-ce trop cher ?

— Je paierais volontiers le double si la criminalité n'augmentait pas tous les jours.

— D'accord. Mais vous avez déjà placé ce vœu lors de l'examen du budget de la gendarmerie. L'instruction n'est pas organisée pour refaire les mœurs ; elle est neutre sur les questions qui touchent à la morale ou à la religion. Contentez-vous-en.

— A quoi servent les académiciens qui donnent des prix de vertu ?

— A en conserver la graine. Puisque vous parlez d'académiciens, savez-vous que l'administration académique vous coûte 0.56 par an ?

— Pas cher du tout. Les jetons sont compris ?

— Oui, oui. A propos de jetons d'académiciens j'ai ouï raconter l'histoire de Suard à un des quarante, qui prouve une certaine dose d'opportunisme. Les jetons sont partagés entre tous les membres qui signent l'émargement le jour de la séance. Or, Suard se présente à l'Institut le jour de l'exécution de Louis XVI. Les immortels ne vinrent pas ce jour-là et Suard empocha la cagnotte. Cet émargement était cultivé par M. Guizot, avec assiduité : on retrouve sa signature à toutes les séances.

— C'était un homme d'ordre, celui-là ? Mais voyons le détail, voulez-vous ?

— Voici : les facultés et les bourses pour l'enseignement supérieur donnent 3.80 0/oo...

— Et l'École normale ?

— Vous en avez pour vos trois sous par an.

— Pas cher, en vérité. Et la Bibliothèque nationale, où tant de richesses sont dissimulées au public?

— Elle vient de publier le premier volume de son catalogue, commencé il y a vingt ans ! Or, ce catalogue aura, dit-on, cinquante volumes. M. Paschal Grousset l'a affirmé à la tribune...

— A vingt ans par volume, cela fera mille ans. Nous ne verrons pas le dernier.

— C'est assez probable : mais retournons au budget.

La Bibliothèque nationale vous coûte 23 centimes ; moins cher que le Muséum, qui vous prend 6 sous par an, le prix d'une course d'omnibus.

— Revenons à la Bibliothèque. Savez-vous que cet établissement fait sourire les étrangers, les Américains surtout? Voilà des gens qui s'entendent en bibliothèques, les Yankees. Et puis, avez-vous vu la façon de classer les volumes par rang de bataille, rue Richelieu? Et ce monument exigu lorsqu'il y a du terrain vacant par derrière?

— Ne profitez pas de notre voyage de découvertes à travers le budget pour tout critiquer ainsi, sinon nous n'en finirons pas.

— Soit. Combien me coûte l'enseignement des jeunes filles ?

— Douze sous par an. Ne rougissez pas, baron, c'est pour rien.

— Si encore on leur apprenait à faire de bonne cuisine ? Enfin ! Et l'enseignement primaire ?

— Trente-huit francs par an ! En revanche, les lycées nationaux et collèges communaux vous reviennent, y compris les bourses, les dégrèvements — près d'un cinquième ; — toute la sauce académique enfin ne vous coûte guère plus de six francs.

— C'est ici le cas de rappeler les paroles si éloquentes de M. Maurice Rouvier à la Chambre : « Ce qu'il faut dire à ceux qui en bénéficient, c'est que, loin d'avoir une créance sur l'État, ils ont contracté, vis-à-vis de la nation, des devoirs plus étroits, et qu'il leur importe, si la carrière qu'ils avaient envisagée ne leur est pas ouverte, de porter dans d'autres branches de la vie nationale une activité et une compétence qui ont été élargies par les sacrifices de la nation. »

— Bien envoyé aux aspirants des emplois publics ; parfait, parfait ! Dans tous les cas, ce n'est pas trop cher pour tous les diplômes.

— Et les ratés ?

— Ça, ce n'est pas mon affaire.

— Ah ! à propos, et les beaux-arts ?

— Vous payez 4 fr. 05 de peinture d'État, de sculpture d'État, d'architecture, de chant, de déclamation d'État, entre toute la famille des beaux-arts, inspecteurs compris, théâtres et censure !

— Anastasie ?

— Oui. Pas méchante pour la chanson, la censure officielle ?

X

— Dites-moi, mon cher critique, voilà un ministère sur le compte duquel vous allez être intarissable : commerce, industrie, postes et télégraphes ?

— Vous oubliez les demoiselles des téléphones.

— Vous avez autrefois pratiqué ce ministère : vous étiez chef de service, de bureau, que sais-je ?

— L'un et l'autre. Mais tout a bien changé depuis ! Oui, tout. D'abord les dépenses étaient moindres et les services plus utiles. En outre, ce ministère avait une direction de l'agriculture qui est elle-même aujourd'hui un ministère. Il reste à peine une direction maintenant, celle du commerce. Autrefois elle était partagée en deux : la direction du commerce intérieur et celle du commerce extérieur. Cette dernière s'occupait de dresser des traités de commerce. Aujourd'hui la consigne est changée : elle s'efforce de bouleverser tous nos rapports commerciaux internationaux par ses exigences et elle y réussit. M. Mesureur, en rayant d'un trait de plume la direction du commerce intérieur, l'a remplacée par un rouage qui fera du chemin le jour où le socialisme d'État aura les coudées franches. Cela ne tardera pas. La direction du travail, de la prévoyance et de l'assistance qu'il a créée est l'embryon d'un ministère qui sera fort coûteux à son tour. Gare au budget ! Vous voyez donc que rien ne ressemble au passé et que je ne puis vous dire que ce que disent les chiffres. Le commerce et ses filiales vous coûtent 8 fr. 03. Vous avez le ministre — une sentinelle vigilante de la protection, celui-là — pour 5 sous, y compris son attirail, son économat, sa papeterie et le reste.

— Je lis plus bas une nomenclature compacte d'écoles de bourses, d'enseignements, etc., etc. Est-ce que c'est indispensable tout cela ?

— Oui et non. C'est un dilemme dont vous ni d'autres ne sortirez pas facilement. Laissons d'abord de côté l'École centrale des arts et manufactures que je proclame la première école du monde.

— Pourquoi ?

— Parce qu'elle se suffit à elle-même sans rien emprunter à l'État, c'est-à-dire au budget, que les élèves y paient leurs études, et qu'elle fournit des ingénieurs très pratiques dès la sortie de l'École, qui sont très demandés à l'étranger. Autant de débouchés pour nos usines et manufactures.

— Mais le reste ?

— Tout n'est pas à dédaigner ici. Vous avez les écoles d'arts et métiers, par exemple, qui forment une pépinière de dessinateurs industriels et quelquefois d'excellents contre-maîtres d'usine.

— Pourquoi quelquefois et pas toujours ?

— Les programmes d'entrée et de sortie de ces écoles sont trop chargés pour que les lauréats se contentent de rester contre-maîtres. Ils sont Français et l'amour du panache leur a fait adopter le titre d'ingénieur civil. Tous ingénieurs, pas contre-maîtres, signe des temps !

— Je vois là aussi : récompenses honorifiques aux vieux ouvriers, 41,000 francs ?

— C'est la Légion d'honneur du travail. Dans un pays où tout citoyen est fanatique de distinctions, je ne puis que m'incliner devant cette création démocratique suscitée par un directeur intelligent à un ministre assez juste pour honorer le travail. Ceux qui portent ce modeste ruban ont été fidèles pendant trente ans au moins au poste commercial ou industriel qui leur était confié. La fidélité du salaire devient si rare, que cette récompense est bien méritée !

— Êtes-vous sûr qu'on pourrait en dire autant de certains autres *honorifiqués ?*

— N'excitons pas les citoyens à se mépriser entre eux. Cela est déjà trop l'habitude.

— Vous avez raison. Bravo donc pour la médaille des vieux ouvriers ! Mais qu'est-ce que le personnel des poids et mesures vient faire ici ?

— En effet, c'est plutôt un personnel fiscal qu'un personnel commercial. Mais s'il vous coûte 4 sous 1/2 par an il en rapporte au budget dix fois autant...

— Sans compter les vexations aux exercés.

— Comme tous les agents du fisc. Maintenant vous apprendrez avec plaisir que vous payez 60 centimes par an pour bonification aux pensions de retraite pour la vieillesse.

— Mon Dieu, cela me flatte beaucoup ; mais, de fil en aiguille, je trouve que je paie beaucoup trop en détail une foule de subventions éparpillées à droite et à gauche dans le budget. Si les gens faisaient leurs affaires eux-mêmes cela me coûterait moins cher, et si toutes les primes de charité, d'hospitalité et autres étaient administrées par de riches oisifs qui s'enorgueilliraient de ces fonctions, cela irait incontestablement mieux aussi. Les malheureux sont des mineurs dont les biens ne doivent pas être administrés par des employés, mais bien par des tuteurs naturels : les riches.

— Quoique peu démocratique, votre opinion mérite examen. Passons néanmoins au budget des postes et télégraphes.

— N'oubliez pas les téléphones.

XI

— Cher baron, les postes, les télégraphes et téléphones vous coûtent 53.05.

— Oh là là !

— Rassurez-vous, ces services rapportent bien

davantage au budget des recettes. On peut même affirmer que, comme tous les services publics, celui du transport des dépêches, effectué par l'État, est un très lourd impôt frappé sur notre bourse.

— A combien revient tout le laborieux et désagréable personnel de ce service ?

— Agents et sous-agents, chaussés, habillés, indemnisés et secourus, coûtent 104 millions et demi par an.

— Ah ! Et les demoiselles des téléphones ?

— Elles sont comprises dans le prix, mais elles nous coûtent, en outre, bien des colères. Puisque nous sommes aux téléphones, voyez un peu ce chiffre : 3,083,000 francs pour les constructions de réseaux et de lignes inter-urbaines. Ajoutez 100,000 francs de la transformation à Paris ; additionnez l'annuité de 1,150,000 francs de la Caisse des Dépôts ; cela fait, chiffres ronds, 4,400,000 fr. Eh bien, il y eut autrefois, du temps de la Compagnie qui exploitait le téléphone, des personnes assez hardies pour prétendre que le rachat des lignes était une bonne affaire pour l'État, alors que la Société proposait d'augmenter son capital et se chargeait de compléter le réseau à ses frais en le remettant audit État à l'expiration de son traité.

— Sont-elles convaincues du contraire ?

— Je ne crois pas. Bien mieux, la Compagnie, il y a de cela huit ans bientôt, proposait d'abaisser l'abonnement au prix de 300 francs, alors que nous l'avons jusqu'ici payé 400 francs.

— Oh! l'État, l'État ! Mais je n'ai pas vu dans le budget des postes le remboursement des taxes des lettres expédiées par les différents ministres ?

— Ils jouissent de la franchise postale.

— C'est un abus qui n'existe pas en Angleterre. Chaque ministre a des fonds pour payer ses affranchissements; cela évite les abus des attachés de cabinet.

— Et pour le télégraphe, c'est la même chose. Il suffit d'écrire sur une formule imprimée et de signer P. A. Le tour est joué.

— Tout cela n'est pas régulier, savez-vous ?

— Je le sais bien ; mais il n'y a que les abus qui agrémentent la vie administrative dans un temps surtout où le Sénat, dans un de ses jours de mauvaise humeur, considère l'usage du télégraphe comme inconvenant, presque comme séditieux, comme indigne en tout cas de la magistrature. (*Incident Darlan.*)

— Prêter serment n'est pas la même chose qu'expédier un avis.

— Pourquoi ? On expédie bien de l'argent par télégraphe : c'est aussi précieux qu'un serment, peut-être.

XII

— Nous arrivons aux colonies, la plus grande pensée du règne, la soupape à travers laquelle doit

s'échapper l'excès de pression du chauvinisme français...

— Et qui doit alimenter notre commerce extérieur, n'est-ce pas ? Voici les comptes de ce ministère. Son administration et son ministre coûtent 8 sous, non compris les tournées au Sénégal,
par exemple, imputées sans doute sur les frais de
voyage par terre et par mer, dont le coût est de
0.09 0/00. Le personnel de la justice coloniale est
plus coûteux : 9 sous.

— Quel luxe !

— Il y a tant à faire aux colonies pour y intro-
duire notre civilisation et nos codes. Voyez plus
loin les subventions aux différents budgets lo-
caux. Le Congo est inscrit pour 0.70; celui de
Madagascar 0.60 et les autres colonies 0.25 0/00
d'impôts.

— Mais je vois aussi des chemins de fer.

— Celui du Soudan, 0.23 ; puis le fameux Dakar à Saint-Louis, 0.38; enfin, le port et le chemin
de la Réunion, 0.75. Tout cela n'est pas merveil-
leux, croyez-moi; mais c'est l'État le grand créateur
de ces merveilles, alors que des Sociétés auraient
fait mieux.

— Je le crois. Mais comment voulez-vous que
des Sociétés puissent faire quelque chose aux colonies ? Exemple, le Haut-Ogoué et la Côte-d'Ivoire :
aussitôt les concessions accordées, on les retire
d'un trait de plume. Ayez donc confiance dans une
administration après un pareil exemple...

— Corrigé par un arrêt du Conseil d'État, heureusement. Maintenant, voici les dépenses militaires des colonies.

Les troupes aux colonies et le comité technique ressortent à 1.75 o/oo. La gendarmerie coloniale o.50 et le commissariat cinq sous. Comme tout ce monde prend la fièvre et le reste, les hôpitaux coûtent dix sous et pour les voyages de tout ce personnel il y a un chapitre spécial qui donne o.42.

— Ça fait deux comptes de voyage ?

— Oui, car il ne faut pas confondre civils et militaires : on craint sans doute qu'ils se mangent en route. Maintenant les frais d'occupation du Soudan sont comptés pour 1 fr. 90 ; ceux de l'Annam et Tonkin pour 7 fr. 43 ; enfin les dépenses militaires de Madagascar, incombant aux colonies, ressortent à 2.97. En ajoutant les frais de l'administration pénitentiaire, Cayenne et Calédonie, qui sont de 2 fr. 85, vous arrivez — avec certains accessoires que nous avons négligés — à un total de 25.30 o/oo que vous coûte le budget du ministère des colonies.

— Cela ne serait vraiment pas cher si on entrait dans la pratique de la colonisation ; mais il y a une grande impossibilité pour cela : le mauvais esprit du public et les traditions administratives. Le public ne voit que des pots-de-vin partout et prend tous les financiers pour des voleurs. Alors les ministres n'osent pas accorder des concessions et les financiers ne veulent pas se mêler de colonisation. Quant aux traditions administratives...

— Baron, laissons-les, il y en aurait trop à dire et cela ne changerait rien aux traditions contestables de la princesse.

— C'est vrai : l'inertie administrative est la condition expresse de la stabilité d'un gouvernement.

— Nous parcourrons maintenant le budget de l'agriculture, ministère d'invention récente, créé pour donner de l'importance à cette branche de travail. Ce n'est, à proprement parler, que l'assistance budgétaire agricole. Le ministre, l'administration centrale et l'économat ne vous coûtent que o fr. 23. Pour 40 centimes vous avez un personnel d'enseignement agricole et des établissements d'élevage à la hauteur. Mais la routine des vieux cultivateurs reprend ses droits et détruit chez les jeunes élèves les bons effets de l'enseignement qu'ils ont reçu dans ces établissements.

— Alors c'est de l'argent perdu ?

— A peu près ; jusqu'à ce qu'on ait trouvé le moyen de constituer de grandes exploitations agricoles pour donner du profit aux petits cultivateurs : l'association, par exemple.

— En attendant le messie agricole, on donne des encouragements à l'agriculture !

— Oui. Vous en payez pour onze sous par an, qui vont aux institutions agricoles bien pensantes. Il y a, en outre, les encouragements, les bourses de voyages, les délégués à l'étranger ; tout cela entretient une correspondance coûteuse et des rapports que les bureaux étouffent.

— Pourquoi ?

— Pour dissimuler notre infériorité et sauvegarder la tranquillité administrative. Du reste, cela n'est pas l'apanage d'un seul ministère, mais de tous les ministères français.

— Qu'est-ce donc que la prime à la sériciculture ?

— L'art de vous prendre 1 fr. 35 par an pour élever des vers à soie en France.

— Mais j'ai déjà payé au budget du commerce ma quote-part de 3 millions d'encouragement à la filature de la soie ?

— Eh bien ! tout s'enchaîne : vers à soie, cocons, filature ; de quoi vous plaignez-vous ?

— On doit tout protéger ou rien.

— Plaignez-vous. Vous donnez 15 sous par an pour la protection du lin et du chanvre. Mais voilà qui est plus sérieux. Pour produire des vétérinaires, les écoles vous reviennent à 0.30 et l'administration des haras à 2.25.

— Le cheval officiel ?

— Vous l'avez dit ; ce qui n'empêche pas les achats à l'étranger.

— La réciproque est vraie.

— Juste ! L'hydraulique agricole vous revient à 17 sous par an.

— Mais je paie mon eau, moi ; pourquoi l'agriculture ne paie-t-elle pas son arrosage ?

— Pas si bête : l'agriculture est encore entre les mains d'ignorants et d'avares qui ne conçoivent pas le progrès. Voici maintenant l'administration des forêts, à laquelle vous contribuez en gros pour 4.15 par an.

— Pourquoi l'État a-t-il des forêts ?

— Pour nommer des gardes forestiers qui les administrent... administrativement. Ce prix se décompose ainsi : restauration et conservation des terrains en montagne, 1 fr. 05 ; personnel des agents, 0.75 ; personnel des préposés, 0.85 ; amélioration et entretien des forêts, huit sous.

— C'est prodigieux : un état-major qui coûte quatre fois autant que les améliorations !

— Êtes vous de l'école de Nancy ?

— Non.

— Eh bien, taisez-vous et payez.

XIII

— Allons, du courage et entrons dans le budget des travaux publics : l'eldorado des ingénieurs de l'État.

— Méfiez-vous, baron ; on en a mis partout et la marée monte encore. Ministre et personnel de l'administration centrale des travaux publics coûtent 0 fr. 37 0/00. Le personnel des ponts et chaussées vous revient à 24 sous et celui des sous-ingénieurs 0 fr. 08 — pas même deux sous.

— Qu'est-ce que c'est que ça ?

— Les sous-ingénieurs ? C'est le corps des sous-offs. Il y a aussi celui des conducteurs des ponts et chaussées qui peut fournir des ingénieurs ; mais à quelles conditions ? Ce corps de praticiens vous revient à 2 fr. 36.

— Expliquez-moi donc...

— Je n'ai rien à vous expliquer : je vous donne des chiffres et voilà tout. Au surplus avez-vous lu Balzac ?

— A peu près.

— Eh bien, lisez *Le Curé de Village*. Vous trouverez là une lettre d'un jeune ingénieur qui jette ses galons aux orties. Elle vous expliquera bien des choses, qui sont encore vraies à soixante ans de distance.

— Combien ça coûte-t-il un ingénieur des ponts ?

— Un de mes amis, qui s'y connaît, m'a affirmé qu'un ingénieur ordinaire sortant de l'École coûte à l'État pour frais d'études et autres 35,000 francs.

— Pourtant je ne vois au budget de l'article enseignement que 240,000 francs par an.

— Eh bien, faites le compte des produits ?

— Alors, un ingénieur des mines ?...

— Est beaucoup plus cher : il revient à l'État à 41,000 francs !

— Et ceux de l'École centrale ?

— Je vous ai fait observer que cette école ne coûtait rien à l'État. Les ingénieurs qui en sortent ont payé 1,200 francs par an les frais de leur éducation, mais sont dédaignés par l'État.

— Ah ! ah ! je vois le truc : l'État court après son argent ; voilà pourquoi il n'emploie que les ingénieurs qu'il forme. Mais rattrape-t-il au moins son argent ?

— L'État est trop beau joueur pour cela. Maintenant les contrôleurs des mines vous coûtent 15 centimes ; les commis des ponts et chaussées 1 fr. 11. Viennent ensuite les maîtres de port, officiers, etc. : deux sous ; gardes de navigation et éclusiers : quatorze sous.

— Quel personnel !

— Dame ! il faut bien surveiller les travaux d'entretien : ceux des routes et des ponts vous reviennent à 9 fr. 35 ; pour les rivières 1 fr. 79. Les canaux un peu moins : 1 fr. 70 ; les ports maritimes : 1 fr. 97 0/00.

— Il y en a beaucoup d'inutiles.

— D'accord ; mais vous connaissez l'apologue : Tout petit prince a des ambassadeurs ; tout petit trou veut avoir son port ! C'est électoral, cela. Or donc, les phares et balises reviennent à 0 fr. 54 et les avances pour travaux en rivière à 2 fr. 25.

— Mais vous oubliez des articles identiques.

— Vous confondez entretien avec travaux neufs : ce budget varie suivant l'humeur de la Chambre et les embarras du budget. Vous parlez des routes, des ponts et des améliorations des rivières, n'est-ce pas ? Le tout en bloc vous revient à 1.68. Ne criez pas : on devrait porter cette dépense au décuple et personne n'y perdrait.

— Vous ne dites rien des chemins de fer ?

— Nous y voilà. D'abord à tout seigneur tout honneur : vous devez 30 fr. 80 comme aide aux Compagnies, simple avance qui se rembourse. Mais le chiffre n'est pas immuable, entendez-vous ; c'est ce que M. Pelletan appelle les conventions scélérates, scélératesse dont le Conseil d'État a fort savamment disculpé les auteurs. Dans ce chiffre est amalgamé le déficit annuel de l'exploitation du réseau d'État, la plus belle idée socialiste de républicains qui pataugent aujourd'hui en criant au secours contre le socialisme qui les tue ! Les dépenses de ce réseau coûtent 1 fr. 40 0/00.

— Pourquoi un réseau d'État ?

— Pour prouver une fois de plus l'insuffisance de l'État commerçant et trafiquant et, aussi, pour avoir un prétexte de plus à impôt. Tout est là dans son calcul : absorber toutes les forces du pays, toute sa production, tout son travail, afin de réglementer, d'imposer et de tyranniser.

— Vous n'êtes donc pas socialiste ?

— Oh non !

— C'est pourtant bien commode ; on n'a plus à s'occuper de rien.

— Esclave !

— Voyons, revenons aux chemins de fer.

— Les contrôleurs généraux : 0 fr. 07 ; les commissaires de surveillance : 0 fr. 26 ; les frais de con-

trôle de l'inspection : o fr. 12 ; les études et travaux
de chemins de fer par l'État : 1 fr. 01 ; en tout
1 fr. 46, voilà ce que vous coûte ce personnel,
sorte de chiourme imposée aux chemins de fer, qui
entrave tout progrès et tarit toute initiative.

— Le tableau est curieux et vous fait honneur.

— Renseignez-vous et prouvez-moi que j'ai tort ;
je suis homme à faire amende honorable, si vous
ne concluez pas comme moi à plus de liberté !

XIV

— Allons, allons, vieux financier, un dernier
coup de collier : examinons le budget de la marine.

— Bien. Le total des dépenses de ce ministère,
qui est de 258 millions, vous incombe pour 77 fr. 89
par an. La rue Royale vous coûte o fr. 32 et les
officiers et agents qui y sont détachés o fr. 58.

— Ça ne fait pas 20 sous, et l'on crie tant ?

— Nous ne sommes pas au bout. Les équipages
de la flotte : officiers de marine, mariniers, équipages, troupes et gendarmerie maritime vous reviennent à 16 fr. 67. Le personnel technique au
chiffre de o fr. 52.

— Est-ce le commissariat ?

— Non. Le commissariat vous coûte o fr. 47
seulement.

— Est-il à hauteur ?

— Lisez Burdeau et Lockroy, et vous serez édifié. Il y a aussi un personnel administratif des corps secondaires, qui revient à 0 fr. 98 0/00. En revanche, vous n'avez à payer que 0 fr. 51 pour le personnel et les agents des services et des Écoles diverses, de la justice, de la police et de la surveillance.

— Y a-t-il des chapitres dans ce budget qui présentent plus d'intérêt ?

— Mais ils en présentent tous. Ce n'est pas au moment où l'on reproche à la marine d'être sous le boisseau des graines d'épinards que l'on doit en omettre un seul. En continuant, nous voyons, par exemple, que le personnel médical, hospitalier et l'aumônerie donnent 0 fr. 64 0/00, ce qui est peu de chose pour la santé du corps et de l'âme. Je passerai, si vous voulez, baron, aux dépenses de main-d'œuvre.

— Les chaudières du *Bruix*, les accidents de torpilleurs ?

— Et bien d'autres... Les salaires pour constructions neuves donnent 3 fr. 59, et, pour l'entretien, 2 fr. 05 0/00. Puis, les salaires de premier établissement pour l'artillerie, 0 fr. 34, et pour l'entretien 0 fr. 43.

— Ah oui ! je comprends : l'entretien coûte plus que le neuf, à cause des culasses qui partent sur les servants !

— Peut-être. Le service général des ports, ateliers, chantiers, magasins, salaires, constructions, vous dépensent 1 fr. 75, y compris l'artillerie et le service des vivres.

— Comprend-on là tous les petits bateaux, chaloupes, canots et autres qui vont et viennent en promenade ou en service dans nos ports ?

— Mais non. Chaque service a sa voiture, du moins son canot, et le paie sur son budget spécial…

— Le budget, c'est nous ! Mais pour cela je n'en profite pas.

— Vilain jaloux ! Est-ce que vous montez dans le break des régiments ? Le contribuable n'a de gratuité que dans une seule voiture.

— Laquelle ?

— La voiture cellulaire !

— Vous n'êtes pas sérieux.

— Vous allez voir. Les constructions navales neuves vous sont comptées pour 11 fr. 06; les achats de bâtiments neufs à l'industrie privée, 7 fr. 24 ; ensemble, 18 fr. 30.

— C'est peu, pour autant de côtes et de colonies.

— Oui, vous avez raison, en principe; toutefois, des marins avisés croient que des navires plus légers, coûtant moins cher que les gros cuirassés, feraient mieux notre affaire, tout en augmentant nos unités.

— Je ne suis pas assez compétent pour résoudre le problème ; toutefois, j'ai souvent vu, il est vrai, un homme léger vaincre un gros poussah.

— Pour équiper nos navires, il faut approvisionner et entretenir la flotte, chapitre qui revient à 2 fr. 66 o/oo. Les réparations de navires 1 fr. 50; modifications, etc., *par l'industrie,* dit le budget, o fr. 22.

— Pourquoi cette spécialité ?

— Elle fait ressortir le mépris de l'administration pour les fournitures de l'industrie privée, peut-être ? Puis viennent les constructions navales et le service général des ports et des bâtiments de servitude pour o fr. 23, et pour leur entretien o fr. 43. Maintenant voici l'artillerie : armes, établissements et reconstitution 3 fr. 02 ; poudres et munitions 2 fr. 91...

— Les saluts ?

— Et l'exercice du tir, oui.

— Mais alors, s'il y avait une guerre navale ?

— Ça coûterait bien plus cher pour ça et le reste. Les armes en service courant o fr. 14 et le matériel de torpilleurs o fr. 71.

— Les torpilleurs perdus y compris ?

— Mais non : l'État s'assure lui-même par l'impôt. Voici les travaux hydrauliques, etc., pour 1 fr. 22. Puis une foule de chapitres spéciaux sur le compte desquels il faudrait, pour en dire un mot, être tout à fait de la maison. Cela est tellement détaillé, spécialisé, que l'on s'y perd vraiment. Ainsi, il y a un compte d'habillements (chap. 42) coté 1 fr. 37 o/oo; celui des vivres (achats et indemnités représentatives) pour 6 fr. 68 o/oo. Allez débrouiller tout cela à moins d'être rapporteur de ce budget, et quelque confiance que vous ayez en nos marins?

— Enfin la marine est-elle aussi noire que la représentent nos ennemis?

— Je l'ignore : toutefois, il doit être bien difficile de se reconnaître dans son budget éparpillé dans les cinq ports militaires de la France en dehors de la rue Royale. Cela fait six directions différentes, six manières d'administrer aussi. Joignez à cela l'esprit particulariste de l'officier de marine, son éducation spéciale, et vous aurez un aperçu des oppositions que cela crée à la marine.

— Pouvez-vous m'en donner un aperçu?

— Je m'en garderai bien : mais je puis vous citer un fait et un chiffre.

— Allez-y.

— Eh bien! pour vous prouver l'estime et l'intérêt que la marine professe pour le commerce de la France, voyez le chapitre 57 : Pêche et navigation commerciale : subventions, encouragements, récompenses.

— Et alors?

— La marine y consacre 179,360 francs et vous *un sou* par an.

— Quel effort, grands dieux!

— Ce sera le mot de la fin.

— Alors nous finissons plus vite que la Chambre?

— Avant la fin de l'année et sans douzièmes provisoires, encore.

TABLEAU DESCRIPTIF

DES

Principaux Chapitres du Budget

DE 1897

3,314,400,000 fr. en chiffres ronds

Sur la somme de 1,000 francs de contributions dues à l'État, la part pour 1,000, se rapportant aux différents articles suivants, est de :

Dette consolidée (rentes 3 1/2 et 3 0/0). . .	**209.30**
Dette remboursable à terme ou par annuités. .	**98.35**

Dont pour :

Remboursements par annuités des dépenses de l'expédition de Madagascar et du Siam. . .	1.50
Reboisement des montagnes.	».15
Intérêts de la dette flottante	5.75
Pensions militaires de la guerre.	28.20
Pensions militaires de la marine	10.80
Pensions à titre de récompense nationale. . .	».02
Pensions civiles	21.20
Indemnités aux victimes du coup d'État de 1851.	1.45
Pensions aux blessés de Février 1848	».04

POUVOIRS PUBLICS

Présidence de la République. . . . .   ».35
Sénat 1.40
Chambre des députés. 2.22

FINANCES

Dépenses totales du Ministère des Finances : **455.18**

Personnel de l'administration centrale et personnel des administrations financières. . .   1.80
Trésoriers-payeurs généraux (traitements et
fonds d'assurances 1.65
Receveurs particuliers (traitements et indemnités). . . . .   ».95

Frais de régie, de perception, etc. : **58.20** (1)

Dont :

Pour les contributions directes. 6.88
Pour l'enregistrement. 5.60
Pour les contributions indirectes et les manu-
factures. 35.91
Pour les douanes. 9.79

---

(1) Compris dans les dépenses totales du ministère des finances.

JUSTICE

*Dépenses totales du Ministère de la Justice
et des Cultes :* **10.44**

Traitement du ministre et personnel de l'ad-
ministration centrale. . . . .   ».15
Conseil d'État. . . . .   ».33
Cours de cassation. . . . .   ».35
Cours d'appel 1.85
Tribunaux de première instance 3.46
Justices de paix 2.53
Frais de la justice criminelle 1.55

CULTES

Dépenses totales des Cultes : **13**

Personnel des bureaux des cultes . . . . . .   ».06
Archevêques et évêques. . . . .   ».27
Curés, vicaires généraux, desservants, etc. . .   11.05
Culte protestant . . . .   ».45
Culte israélite . . . .   ».05

AFFAIRES ÉTRANGÈRES

Dépenses totales du Ministère des Affaires étrangères : **4.54**

INTÉRIEUR

Dépenses totales du Ministère de l'Intérieur : **23.12**

Traitement du ministre et du personnel de l'administration centrale. . . . . »..

Traitement des fonctionnaires administratifs des départements. 1.5

Frais des élections sénatoriales. . . . . . . ».

Journaux officiels. Dépenses fixes du personnel. ».

  —   Dépenses variables . . . . ».

  —   Matériel. . . . . ».

Personnel et matériel des préfectures et sous-préfectures 1.8

Commissaires de police et subvention pour la police municipale de la Ville de Paris. . . 4.1

Administration pénitentiaire et entretien des détenus 5.1

GUERRE

Dépenses totales du Ministère de la Guerre : **187.77**

Personnel de l'administration centrale. . . . »·74

Officiers détachés   —   . . . . »·35

État-major général et service d'état-major . . 3·53

Contrôle, intendance, états-majors particuliers. 4.25

Solde de l'infanterie . . . . 32·37

Solde des troupes d'administration 1.17

Solde de la cavalerie 8.81
Solde de l'artillerie. 8.64
Solde du génie. 1.25
Solde du train des équipages. 1.11
Gendarmerie départementale et d'Afrique. . . 10.63
Garde républicaine. 1.41
Vivres et fourrages 50.83
Habillement, campement, lits militaires (dont
   3.30 pour les lits militaires) 19.47
Justice militaire et prisons. . . . . ».37
Remonte, recensement des chevaux, etc. . . 6.25
Établissements de l'artillerie, poudres, salpêtres. 7.14
Établissements du génie. 4.67
Solde de non activité, secours, etc. 1.98
Dépenses extraordinaires, armes, forts, etc. . 7.33

MARINE

Dépenses totales du Ministère de la Marine : **77.89**

Personnel de l'administration centrale . . . . ».32
Officiers et agents y détachés ou de service à
   Paris. . . . . ».58
Officiers de marine, équipages, troupes, gen-
   darmerie 16.67
Personnel technique . . . . ».52
Commissaires de la marine . . . . ».47
Personnel administratif (corps secondaires). . ».98
Personnel et agents divers (écoles, justice, etc.) ».51
Personnel médical, hospitalier et religieux . . ».64
Constructions navales. Neuves. Salaires . . . 3.59

Arsenaux, artillerie. . . . . »·30
Torpilles . . . . »·07
Travaux hydrauliques. . . . . »·04
Vivres . . . . »·01
Chauffage et éclairage. Achats et indemnités
    représentatives. . . . . »·23
Frais de passage et de transports, primes. —
    Affrétements et frais accessoires . . . . . »·79
Frais de séjour, de route, de transports, etc. . 1.15
Gratifications, secours et subventions . . . . »·32
Pêche et navigation commerciale . . . . . . »·05
Subvention à la caisse des invalides de la ma-
    rine 3.20

INSTRUCTION PUBLIQUE

*Dépenses totales du Ministère de l'Instruction
publique :* **63.86** (1)

Ministre et personnel de l'administration cen-
    trale. . . . . »·29
Administration académique . . . . »·56
Facultés et bourses de l'enseignement supé-
    rieur. 3.80
École des hautes études. . . . . »·09
École normale supérieure. . . . . »·15
Collège de France . . . . »·15
Muséum d'histoire naturelle . . . . »·30

---

(1) Instruction publique, 59.83 ; Beaux-Arts, 4.03.

COMMERCE ET INDUSTRIE

POSTES ET TÉLÉGRAPHES

Dépenses totales du Ministère du Commerce et de l'Industrie : **61.08** (1)

---

(1) Commerce et Industrie, 8.03; Postes et Télégraphes, 53.50.

d'abonnements au *Bulletin international des Douanes* : 6,900 francs.

(C'est peu, mais on ne trouve pas ce Bulletin, même à la Bibliothèque nationale !)

Primes à la filature des soies . . . . ».90
Personnel et matériel de l'administration centrale des postes et télégraphes . . . . . . ».65
Personnel des postes et télégraphes, remises
et indemnités 31.67

COLONIES

Dépenses totales du Ministère des Colonies : **25.30**

Administration centrale, personnel et matériel. ».28
Service administratif dans les ports de com-
merce de la métropole . . . . ».09
Personnel de la justice . . . . ».44
Frais de voyage par terre et par mer . . . . ».09
Subvention au budget local du Congo fran-
çais . . . . ».70
Subvention au budget local de Madagascar. . ».60
Subvention au budget local de certaines colo-
nies . . . . ».22
Subvention au budget annexe du chemin de fer
et du port de la Réunion . . . . ».75
Subvention au budget annexe du chemin de
fer du Soudan. . . . . ».32
Chemin de fer de Dakar à Saint-Louis. . . . ».38
Troupes aux colonies et comité technique . . 1.75

AGRICULTURE

Dépenses totales du Ministère de l'Agriculture : **12.85**

Les forêts coûtent	4.15
Dont :	
Personnel des *agents* dans les départements. .	».75
Personnel des *préposés* — . .	».85
Amélioration et entretien des forêts.	».39
Restauration et conservation des terrains en montagne.	1.05
Imposition sur les forêts domaniales.	».54

TRAVAUX PUBLICS

Dépenses totales du Ministère des Travaux Publics : **64.72**

Ministre et personnel de l'administration centrale.	».37
Personnel du corps des ponts et chaussées . .	1.19
Enseignement et école des ponts et chaussées.	».07
Personnel des sous-ingénieurs des ponts et chaussées.	».08
Personnel des conducteurs des ponts et chaussées.	2.36
Personnel du corps des mines	».21
Enseignement et école des mines.	».07
Personnel des contrôleurs des mines.	».14
Personnel des commis des ponts et chaussées et mines	1.11
Officiers et maîtres de postes du service maritime	».09
Gardes de navigation, éclusiers, etc.	».69

Contrôleurs généraux et inspecteurs des chemins de fer. . . . . ».07

Commissaires de surveillance, administration des chemins de fer. . . . . ».26

Frais du contrôle et de l'inspection des chemins de fer . . . . ».12

Secours et bonification de pensions de retraite des cantonniers de l'État . . . . ».30

Routes et ponts (entretien) 9.35

Rivières (entretien). 1.79

Canaux (entretien). 1.70

Ports maritimes (entretien) 1.97

Phares, fanaux et balises (entretien) . . . . . ».54

Avances pour travaux des rivières, canaux, ports. 2.24

CHEMINS DE FER

Dépenses totales des Chemins de Fer : **30.80** (1)

Dont :

Annuités aux Compagnies. 2.26

—   (26 novembre 1883) 9.20

Annuités à la Compagnie d'Orléans (20 novembre 1883). . . . . ».63

Garanties d'intérêt aux Compagnies françaises 16.69

Garanties d'intérêt aux Compagnies d'intérêt local. . . . . ».93

---

(1) Dépenses comprises dans le budget total des travaux publics.

SURESNES. — Imp. G. RICHARD & HUSSON, 9, rue du Pont